MI CUERPO
MI CUERPO TIENE
PIERNAS Y PIES

AMY CULLIFORD

Traducción de Milly Blanco

Un libro de Las Raíces Plus de Crabtree

CRABTREE
Publishing Company
www.crabtreebooks.com

Apoyos de la escuela a los hogares para cuidadores y maestros

Este libro ayuda a los niños en su desarrollo al permitirles practicar la lectura. Abajo están algunas preguntas guía para ayudar al lector a fortalecer sus habilidades de comprensión. En rojo hay algunas opciones de respuesta.

Antes de leer:
- ¿De qué pienso que tratará este libro?
  - *Pienso que este libro trata sobre piernas y pies.*
  - *Pienso que este libro trata sobre cómo funcionan nuestras piernas y pies.*
- ¿Qué quiero aprender sobre este tema?
  - *Quiero aprender sobre todas las formas en que usamos nuestras piernas y pies.*
  - *Quiero aprender cómo se mueven las piernas y los pies.*

Durante la lectura:
- Me pregunto por qué...
  - *Me pregunto por qué los humanos tienen dos piernas y dos pies.*
  - *Me pregunto por qué los pies tienen dedos.*
- ¿Qué he aprendido hasta ahora?
  - *Aprendí que las rodillas ayudan a que las piernas se doblen.*
  - *Aprendí que los dedos de los pies nos ayudan a mantener el equilibrio.*

Después de leer:
- ¿Qué detalles aprendí de este tema?
  - *Aprendí que las piernas y los pies son partes de nuestro cuerpo.*
  - *Aprendí que los pies pueden ser grandes o pequeños.*
- Lee el libro una vez más y busca las palabras del vocabulario.
  - *Veo la palabra **rodilla** en la página 10 y la palabra **equilibrio** en la página 20. Las demás palabras del vocabulario están en la página 23.*

Tú tienes dos **piernas**.

Son parte de tu **cuerpo**.

Las piernas te ayudan a moverte alrededor.

Sarah usa sus piernas para caminar a la escuela.

¡Yo uso mis piernas para correr!

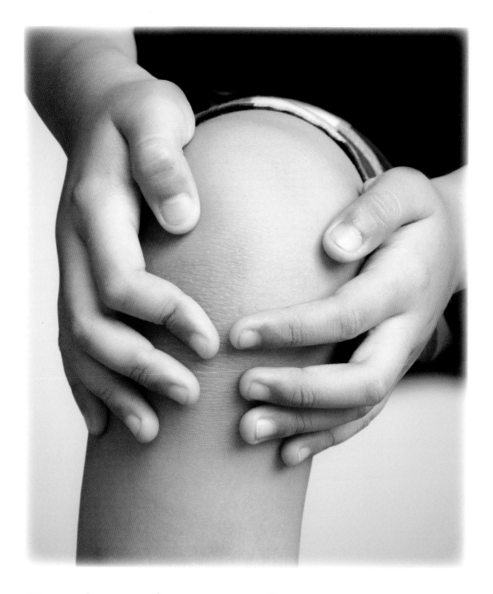

Cada pierna tiene una **rodilla**.

Tus rodillas ayudan a que tus piernas se **doblen**.

¡Yo utilizo mis piernas y rodillas para saltar!

Tú tienes dos pies.

Los pies pueden ser
grandes o pequeños.

Puedes usar tus pies para **patear** una pelota.

Yo uso mis pies para jugar al **fútbol**.

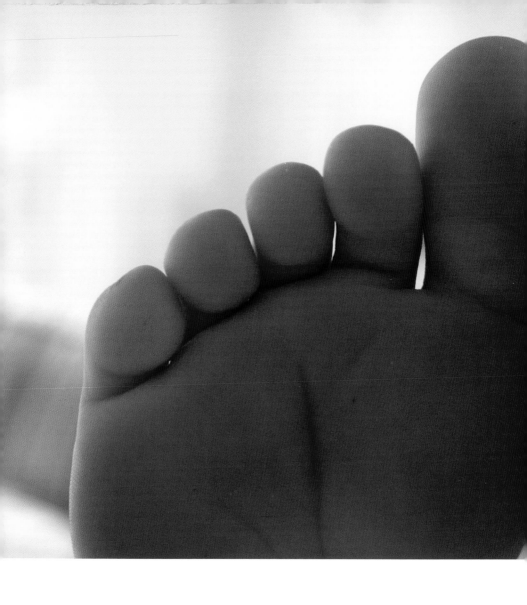

Tus pies tienen dedos.

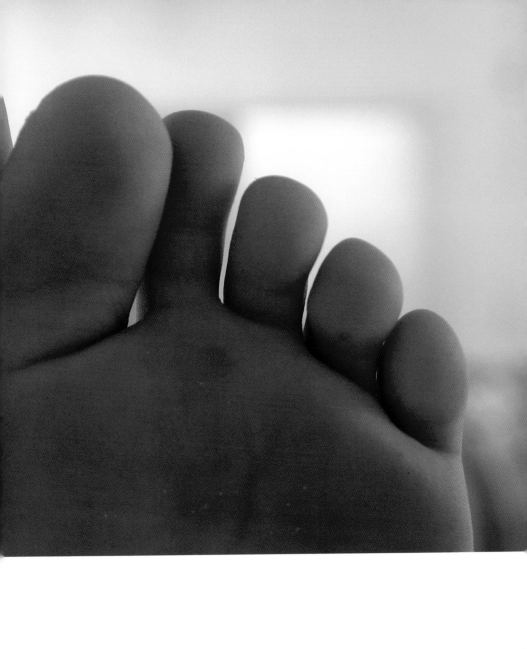

Los dedos de los pies te ayudan a mantener el **equilibrio**.

Lista de palabras
Palabras básicas

alrededor	moverte	ser
ayudan	o	sus
cada	para	tiene
caminar	parte	tienen
correr	pelota	tú
de	pequeños	tus
dedos	pierna	una
dos	piernas	usa
escuela	pies	uso
grandes	puedes	y
jugar	rodilla	yo
mis	saltar	

Palabras para conocer

cuerpo

doblen

equilibrio

fútbol

patear

piernas

rodilla

MI CUERPO
MI CUERPO TIENE
PIERNAS
Y PIES

Written by: Amy Culliford
Translation to Spanish: Milly Blanco
Designed by: Rhea Wallace
Series Development: James Earley
Proofreader: Janine Deschenes
Educational Consultant: Marie Lemke M.Ed.

Photographs:
Shutterstock: Zurijeta: cover, p. 3; Mark Nazh: p. 5; Igor
  Pushkarev: p. 7; Tinnapong: p. 8; jeffy11390: p. 10; Maarten
  Zeehandelaar: p. 11; Lightfield Studio: p. 13; LeicherOliver: p.
  14; Halfpoint: p. 15; Fotokostic: p. 16; Nirat.pix: p. 17; Bricolage:
  p. 18; Jurrah Mesin: p. 21

Library and Archives Canada
Cataloguing in Publication

CIP available at Library and Archives Canada

Library of Congress
Cataloging-in-Publication Data

CIP available at Library of Congress

Crabtree Publishing Company

www.crabtreebooks.com   1-800-387-7650

Published in the United States
Crabtree Publishing
347 Fifth Avenue, Suite 1402-145
New York, NY, 10016

Published in Canada
Crabtree Publishing
616 Welland Ave.
St. Catharines, ON, L2M 5V6